Kinu sucht das Abenteuer

Eine Bewegungsreise für Kinder, die ihre Stärken entdecken wollen

Begleitheft für Eltern
und alle, die mit
Kindern arbeiten

VAK
VAK Verlags GmbH
Kirchzarten bei Freiburg

Wie die Idee zu diesem Buch entstanden ist

Kinder, die genügend Bewegung haben, sind ausgeglichener und aufnahmefähiger als solche, denen es ständig an Bewegung fehlt. Diese Beobachtung können sicherlich alle bestätigen, die in irgendeiner Form mit Kindern zu tun haben.

Wie wichtig allerdings die frühkindliche Bewegungsentwicklung für späteres Lernen ist, habe ich selbst erst erfahren, nachdem ich schon viele Jahre als Lehrerin am Gymnasium mit Kindern aller Altersstufen gearbeitet hatte.

Immer häufiger beobachtete ich Lese- und Rechtschreibschwächen bei Schülerinnen und Schülern der 5. Klasse und machte mich auf die Suche nach möglichen Ursachen. Hierbei entdeckte ich 1996 die pädagogische Kinesiologie (auch Edu-Kinestetik genannt), eine ganzheitliche Selbsthilfemethode, die sich mit der Entstehung von Lernblockaden befasst und Möglichkeiten aufzeigt, wie diese – unter anderem mit Hilfe von Bewegungsübungen – aufgelöst werden können.

Inzwischen habe ich eine Ausbildung zur Brain-Gym®-Lehrerin gemacht und seither sind Bewegungsübungen ein wichtiger Bestandteil meines Unterrichts. Sie helfen den Kindern meiner Klasse und auch mir selbst, die Sinne zu schulen, Aufmerksamkeit und Konzentration zu verbessern und Spannungen abzubauen.

Zu meiner Tätigkeit gehören inzwischen auch Seminare für Eltern und Erzieherinnen, die alle mit dem Thema „Bewegung und Lernen" zu tun haben. Hierbei ist auch die Idee zu diesem Bilderbuch entstanden. Mit Hilfe meines Mannes konnte Kinu zu einer Bildergeschichte werden, die alle Sinne anspricht. Das Buch eignet sich zum Vorlesen und Selbstlesen, zum stillen Betrachten und als Anlass für Gespräche. Das Besondere ist jedoch, dass Kinu auf jeder Buchseite zu einer Bewegung einlädt.

Nachdem die Kinder die Bilder verinnerlicht haben, lassen sich die Übungen ohne allzu viele Erklärungen zu einer harmonischen Bewegungsreise zusammenfügen, die sich mühelos zu Hause, im Kindergarten oder in der Grundschule durchführen lässt.

Den Text für die Bewegungsreise finden Sie im Anschluss, er enthält jeweils auch Angaben zur Ausführung und Wirkungsweise der Übungen. Wichtig ist jedoch, dass die Freude an der Bewegung im Vordergrund steht.

Ich wünsche allen Erwachsenen, die sich mit Kindern auf Kinus Reise begeben, dass sie selbst die balancierende Wirkung der Bewegung spüren.

Barbara Läufer

Was ist Brain-Gym®?

„Bewegung ist das Tor zum Lernen", sagt der Heilpädagoge Dr. Paul Dennison. Er ist der Begründer der Edu-Kinestetik, der pädagogischen Richtung der Angewandten Kinesiologie. In seiner jahrelangen Arbeit mit Kindern und Erwachsenen stellte er fest, wie wichtig eine harmonische Bewegungsentwicklung für späteres Lernen ist. Viele seiner Beobachtungen wurden inzwischen durch die Gehirnforschung und die Neurobiologie bestätigt: Stressfreies Lernen kann nur gelingen, wenn die körperlichen Voraussetzungen dafür geschaffen wurden. Eine besondere Rolle spielen hierbei die Koordination von linker und rechter Körperseite, die Orientierung des Körpers im Raum (Bewusstsein für vorn/hinten, nah/fern) sowie die Entwicklung von Schwerkraft- und Gleichgewichtssinn, die eine wichtige Funktion für unsere Aufmerksamkeit und Konzentration haben.

Dennison hat eine Reihe von Übungen für diese drei Körperdimensionen zusammengestellt. Durch Bewegungen und Halten bestimmter Punkte werden Vorgänge im Körper aktiviert, die die Lernfähigkeit des Gehirns fördern, daher stammt auch der Name Brain-Gym® (Gehirngymnastik). Brain-Gym® wird seit etwa 20 Jahren weltweit von Pädagogen und Therapeuten angewandt und hat vielen Kindern und Erwachsenen entspannteres Lernen in allen Lebensbereichen ermöglicht. Zahlreiche Praxis- und Forschungsberichte dokumentieren die Wirksamkeit der Übungen.

Viele Lern- und Verhaltensschwierigkeiten unserer Kinder stehen im Zusammenhang mit Bewegungsdefiziten in der frühen Kindheit. Statisches Sitzen in Babywippen, mangelnde Entwicklung des Gleichgewichtssinns durch Gehhilfen, Augen, die auf Fernseher, Computer oder Gameboys starren, sind nur einige der Ursachen.

Die Bewegungsreise mit dem mutigen kleinen Indianer Kinu enthält eine Vielzahl von Übungen, die die verschiedenen Körperdimensionen aktivieren und dadurch die gesunde und ganzheitliche Bewegungsentwicklung von Kindern im Vorschul- und Grundschulalter fördern. Die Übungen entstammen größtenteils dem Brain-Gym®-Programm von Dr. Paul Dennison. Manche wurden von mir – speziell für die Arbeit mit kleinen Kindern – leicht abgewandelt. Bei den Hinweisen zur Ausführung der Übungen findet sich jeweils in Anführungsstrichen der Originalname der entsprechenden Brain-Gym®-Übung. Wer sich gerne eingehender mit Dennisons Konzept beschäftigen will, dem möchte ich sein Brain-Gym®-Lehrerhandbuch empfehlen (siehe Literaturverzeichnis am Schluss).

Es ist jedoch auch völlig ausreichend, sich vertrauensvoll der Anleitung zu überlassen. Passen Sie die Bewegungsreise flexibel den Möglichkeiten des Kindes oder der Gruppe an. Sie lässt sich ausführlich in der Turnstunde, im Stuhlkreis oder mit Grundschulkindern als kurzes Bewegungsintervall am Sitzplatz durchführen.

Bild	Text zur Bewegungsreise
	Warm scheint die Sonne durchs Zelt. Kinu räkelt und streckt sich. Er gähnt dreimal und massiert seine Ohren. Er legt die langen Finger hinter die Ohren und streicht mit den Daumen sanft den „Knick“ aus. Von oben bis zum Ohrläppchen und das dreimal, denn ein Indianer muss wach sein.
	Heute ist ein herrlicher Tag, um auf Kundschaft zu gehen, denkt sich Kinu. Er hängt seinen Köcher um und steckt die Pfeile hinein. Er nimmt einen Pfeil vom Boden auf und steckt ihn mit einer weiten Bewegung langsam in den Köcher auf seinem Rücken, drei mit der einen Hand, drei mit der anderen. Dann macht er sich auf den Weg.

Brain-Gym®-Übungen und Hinweise zur Ausführung

Wirkungsweise der Übungen

„Energiegähnen“: Die Augen fest schließen, kräftig gähnen und dabei sanft kreisend die Muskeln am Kiefergelenk massieren, zuerst in eine Richtung, dann in die andere.
„Denkmütze“: Die Anleitung ist in den Text zur Bewegungsreise (2. Spalte) eingearbeitet.

„Energiegähnen“
- erhöht die Sauerstoffzufuhr im Gehirn
- verbessert die Aufmerksamkeit

„Denkmütze“
- verbessert die Wahrnehmung
- erhöht die Konzentration

Entlang der äußeren Rundung des Ohrs liegen Akupressurpunkte, über die alle Funktionen des Körpers und des Gehirns stimuliert werden können.

Vereinfachte Form der „Armaktivierung“: Wichtig ist, dass die Hand im weiten Bogen langsam nach hinten und dann nach unten geführt wird, so dass sich die Rückenmuskulatur anspannt.

- öffnet das Zwerchfell
- vertieft die Atmung
- verbessert die Hand-Augen-Koordination

Bild

Text zur Bewegungsreise

Von weitem hört er schon das Rauschen des Flusses. Als er am Wasser ankommt, entdeckt er einen großen Baumstamm. Auf ihm kann er den Fluss überqueren. Vorsichtig setzt er einen Fuß vor den andern. Die Arme helfen ihm beim Balancieren.

Kinu stapft weiter durch hohes Gras. Da hört er von fern lautes Rufen. Das müssen fremde Indianer sein. Ob die gefährlich sind? Nur die Ruhe bewahren! Kinu hält sich mit den Fingerspitzen die Stirn – er weiß, dass ihn das beruhigt.

Brain-Gym®-Übungen und Hinweise zur Ausführung

Wirkungsweise der Übungen

Beide Beine voreinander stellen, die Arme seitwärts strecken und durch leichte Neigung nach links und nach rechts im Stehen balancieren.

• schult den Gleichgewichtssinn

Zunächst auf der Stelle gehen und die Beine dabei anheben, dann schnell in die Hocke gehen und ruhig hinknien.
„Positive Punkte": Mit sanftem Druck werden zwei Punkte mit den Fingerspitzen gehalten. Sie liegen in der Mitte der Augenbrauen auf den Stirnbeinhöckern, also in halber Höhe zwischen Augenbrauen und Haaransatz. Die Punkte sanft berühren und dabei ruhig atmen.

• löst Stressreaktionen im Körper und im Gehirn auf

Das Halten dieser Punkte aktiviert den Bereich des Gehirns, der es uns ermöglicht, Situationen neu zu bewerten und kreative Lösungen zu finden.

Bild

Text zur Bewegungsreise

Sie dürfen mich nicht entdecken! Kinu duckt sich und schleicht weiter. Bald hört er ihre Stimmen nicht mehr. Er ist in Sicherheit.

Vor sich im Gras entdeckt Kinu Spuren. Ob das Büffel sind? Kinu legt sein Ohr an den Boden, zuerst das eine, dann das andere. Tatsächlich, die Erde dröhnt von ihren Hufen.

Brain-Gym®-Übungen und Hinweise zur Ausführung	Wirkungsweise der Übungen
„Überkreuzbewegung“: Beim Gehen (geduckt) werden linker Arm und rechtes Bein bzw. rechter Arm und linkes Bein gleichzeitig bewegt. Die Kinder können die Bewegung auch auf der Stelle machen. Tipp: Kleine Kinder, denen das Überkreuzgehen Schwierigkeiten macht, kann man ganz langsam „durchs Gras“ krabbeln lassen. Eine Markierung von rechtem Arm und linkem Bein durch ein Band kann eventuell hilfreich sein.	• fördert die Koordination der beiden Körperhälften und die Ganzkörperkoordination • verbessert das Zusammenspiel von linker und rechter Gehirnhälfte, von denen die eine eher logisch analysierend, die andere eher ganzheitlich assoziativ arbeitet
Den Blick zum Boden richten, langsam hinknien, mit flachen Händen am Boden abstützen (etwas mehr als schulterbreit) und auf jeder Seite mit dem Ohr am Boden einen Augenblick lang verharren.	• aktiviert die Arm- und die Rückenmuskulatur • verbessert die Durchblutung des Innenohrs (Gleichgewichtsorgan)

Bild	Text zur Bewegungsreise
	Kinu legt seine Hand an die Stirn und schaut in die Ferne. Dort kann er die Büffel sogar erkennen, eine große braune Herde. So einen Büffel werde ich erlegen, wenn ich groß bin, denkt Kinu.
	Bei diesem Gedanken zieht Kinu einen Pfeil aus seinem Köcher. Er spannt den Bogen und schießt den Pfeil weit über die Steppe.

Brain-Gym®-Übungen und Hinweise zur Ausführung	Wirkungsweise der Übungen
Abwandlung der „Raumknöpfe“: Die Handkante der einen Hand liegt an der Stirn (= vordere Körpermitte oben), die andere Hand zeigt mit den Fingerspitzen zum Steißbein (= hintere Körpermitte unten). Der Blick richtet sich in die Ferne. Einen Augenblick lang so verharren, dann werden die Hände gewechselt.	• fördert die Raumwahrnehmung (oben/unten, vorn/hinten, Körpermitte) • erhöht Aufmerksamkeit und Konzentration
Abgewandelte Form der Übung „Erden“: Zunächst den Pfeil in einer weiten Bewegung aus dem Köcher ziehen (siehe Bild 2). Die Füße werden etwas mehr als schulterbreit gestellt, einen Fuß im rechten Winkel zum anderen, das entsprechende Bein leicht gebeugt. Den einen Arm strecken und mit dem anderen den „Bogen“ kräftig spannen. Dreimal wiederholen und dann die Seite wechseln.	• fördert die Ganzkörperkoordination • erdet und zentriert

Bild

Text zur Bewegungsreise

Kinu ist schon ziemlich müde, aber auf diesen Hügel will er noch steigen. Mit kräftigen Schritten und ganz außer Atem erreicht er den Gipfel.

Gewaltig, diese Aussicht! Kinu legt die Hände an den Hinterkopf. Er wendet den Kopf nach allen Seiten und blickt entspannt in die Ferne. Die Steppe liegt ihm zu Füßen.

Brain-Gym®-Übungen und Hinweise zur Ausführung	Wirkungsweise der Übungen
Kraftvoll gehen als „Überkreuzbewegung“, eventuell auch auf der Stelle.	• vergleiche Wirkungsweise zu Bild 5
Variante der „Balanceknöpfe“: Mit den Fingerspitzen werden zwei Punkte am Hinterkopf gehalten. Sie liegen am unteren Schädelrand, direkt über der Einbuchtung, wo der Schädel auf dem Nacken ruht. Der Blick schweift entspannt in die Ferne und dabei wird der Kopf langsam in alle Richtungen gedreht.	• entspannt die Nacken- und die Augenmuskulatur • entspannt die Körperhaltung • verbessert die Reflexe

Bild

Text zur Bewegungsreise

Kinu überkreuzt seine Arme und verschränkt die Finger, er schlingt seine Hände nach innen durch und legt sie an die Brust – das tun die Großen, wenn sie nur sich selbst spüren wollen. Kinu schließt die Augen und spürt den Mut in sich. Dann öffnet er die Augen, breitet die Arme aus und schließt die schöne Landschaft in sein Herz.

Nun macht sich Kinu auf den Rückweg. Er erkennt seine eigenen Spuren im Gras. Angst hat er jetzt nicht mehr und das Balancieren fällt ihm leicht. Sicher überquert er den Fluss.

Brain-Gym®-Übungen und Hinweise zur Ausführung

„Hook-ups I": Die Beschreibung der Übung ist in den Text zur Bewegungsreise (2. Spalte) eingearbeitet. Sie kann im Schneidersitz, auf dem Stuhl oder im Stehen mit überkreuzten Beinen durchgeführt werden. Zunächst wird das eine Bein über das andere gelegt (wenn möglich, sollte der Arm auf derselben Körperseite auch beim Überkreuzen oben liegen), dann werden die Arme ausgestreckt und die Finger verschränkt. Die verschlungenen Hände durch Umklappen nach unten vor die Brust holen. Die Augen schließen, entspannt atmen und in dieser Position etwa eine Minute lang verharren.

Tipp: Für viele Kinder ist es hilfreich, wenn man sie darauf hinweist, dass ihre Handflächen vor dem Überkreuzen der Arme nach außen zeigen.

„Hook-ups II": Falls diese Übung auf dem Stuhl oder im Stehen durchgeführt wird, sollten die Beine dabei nebeneinander gestellt werden. Die Arme schulterbreit öffnen und die Fingerspitzen beider Hände langsam zusammenführen. Die Position etwa eine Minute lang halten und entspannt atmen.

Gehen als „Überkreuzbewegung": Eventuell auf der Stelle gehen, dabei schauen die Augen am Boden entlang. Wie zu Bild 3 beschrieben, wird über den „Baumstamm" balanciert.

Wirkungsweise der Übungen

„Hook-ups I"
- fördert die Körperkoordination
- entlastet bei Reizüberflutung
- wirkt emotional stabilisierend

„Hook-ups II"
- balanciert das Zusammenspiel der beiden Gehirnhälften

Tipp: Durch den Einsatz dieser Bewegungsfolge lässt sich eine unruhige Gruppe gut zur Ruhe bringen.

- vergleiche Wirkungsweise zu Bild 5 und Bild 3

Bild

Text zur Bewegungsreise

Am Abend sitzt Kinu am Lagerfeuer. Bis alle versammelt sind, schaukelt er noch ein bisschen im Sitzen. Das macht er gern, bevor er ganz still sitzen muss. Und dann hat Kinu viel zu erzählen – von den fremden Indianern, von den Büffeln und von dem mutigen Indianer in ihm.

Brain-Gym®-Übungen und Hinweise zur Ausführung

Abwandlung der „Beckenschaukel":
Die Kinder sitzen (eventuell im Kreis) im Schneidersitz, die Hände umfassen locker die Knie. Der Oberkörper ist aufrecht oder leicht nach hinten gelehnt. Leicht von einer Seite zur anderen schaukeln, dann mit dem Becken sanfte Kreise beschreiben – zuerst in die eine, dann in die andere Richtung. Zum Schluss sitzen die Kinder ruhig da und man kann die Gelegenheit nutzen, um über die gemachten Erfahrungen zu sprechen: Wie hat sich das Balancieren angefühlt? Hast du die Angst gespürt und den Mut? Hast du es geschafft, nur dich selbst zu spüren? Wie hat sich das angefühlt?

Wirkungsweise der Übungen

„Beckenschaukel"
- löst Verspannungen im unteren Rücken
- lässt die Rückenmarksflüssigkeit besser fließen (sie transportiert wichtige Stoffe zum Gehirn, z. B. Hormone, Botenstoffe)
- verbessert die Haltung, auch im Sitzen

Das Sprechen über die Erfahrungen verbessert die Selbstwahrnehmung.

Literatur

Brain-Gym® mit Maxi. Das Kartenspiel. Für Kinder im Grundschulalter. Mit Anleitungsheft. Kirchzarten: VAK 2001.

Buchner, Christina: *Brain-Gym® & Co. – kinderleicht ans Kind gebracht.* Kirchzarten: VAK 2001.

Buchner, Christina: *Stillsein ist lernbar. Konzentration, Meditation, Disziplin in der Schule.* Kirchzarten: VAK 1999.

Dennison, Paul E. und Gail E.: *Brain-Gym®.* Kirchzarten: VAK 2001.

Dennison, Paul E. und Gail E.: *Brain-Gym® Lehrerhandbuch.* Kirchzarten: VAK 2001.

Dennison, Paul E. und Gail E.: *EK für Kinder. Das Handbuch der Edu-Kinestetik für Eltern, Lehrer und Kinder jeden Alters.* Kirchzarten: VAK 2001.

Dennison, Paul E.: *Befreite Bahnen.* Kirchzarten: VAK 1999.

Hannaford, Carla: *Bewegung – das Tor zum Lernen.* Kirchzarten: VAK 2001.

Köster, Susanne A.: *Wie Sonnenschein und Puschel sich ihre Welt verzaubern.* Kirchzarten: VAK 1999.

Mayer-Skumanz, Lene; Heringer, Irmgard; Heringer, Anna: *Löwen gähnen niemals leise. Wie Lernen leicht gelingt. Geschichten, Tipps und Übungen für Kinder.* Kirchzarten: VAK 1999.

Mayer-Skumanz, Lene; Heringer, Irmgard; Heringer, Anna: *Mit dem Tiger um die Wette. Geschichten, Tipps und Übungen bei Prüfungsangst und Stress.* Kirchzarten: VAK 1999.

Meyenburg, Claudia (Hrsg.): *Die Sache mit dem X. Brain-Gym® in der Schule. Die Sache mit dem X, Band 1.* Kirchzarten: VAK 1996.

Meyenburg, Claudia (Hrsg.): *Achter, X und über Kreuz. Edu-Kinestetik in Theorie und Praxis. Die Sache mit dem X, Band 2.* Kirchzarten: VAK 1996.

Obersamer, Ingrid (nach Paul und Gail Dennison): *Felix und die Brain-Gym®-Bande.* Ein Kartenspiel für Kinder ab vier Jahren. Kirchzarten: VAK 1999.

Übrigens kann man Barbara und Bernhard Läufer im Internet besuchen.

Ihre Adresse lautet *www.paedkin.de.*

E-Mails erreichen sie unter *info@paedkin.de.*

Die Deutsche Bibliothek – CIP-Einheitsaufnahme

Läufer, Barbara:
Kinu sucht das Abenteuer: eine Bewegungsreise für Kinder,
die ihre Stärken entdecken wollen /
Barbara Läufer; Bernhard Läufer. –
Kirchzarten bei Freiburg: VAK Verlags GmbH, 2002
ISBN 3-932098-92-7

VAK Verlags GmbH, Kirchzarten bei Freiburg 2002
Idee und Text: Barbara Läufer
Illustrationen: Bernhard Läufer
Lektorat: Monika Radecki und Jörg Ketter
Umschlag: Michael Sacherer
Satz und Layout: Michael Sacherer
Druck: Himmer, Augsburg
Printed in Germany
ISBN 3-932098-92-7

Damit Kinder gut lernen können, brauchen sie Bewegung. Deshalb ist Kinus Suche nach dem Abenteuer nicht nur zum Anschauen und Lesen gedacht.
Die Übungen, die in diesem Begleitheft beschrieben und erläutert werden, machen Kinus Erkundungsgang erst zu einer richtigen Bewegungsreise. Kinder von vier bis sechs Jahren lassen sich leicht dafür begeistern und machen gern mit, wenn man ihnen zeigt, wie die Übungen gehen. Ob zu Hause, im Kindergarten oder in der Schule – die Brain-Gym®-Übungen nachzumachen macht Spaß. Kinder werden dadurch auf spielerische Weise in ihrer ganzheitlichen motorischen und geistigen Entwicklung gefördert.

VAK